ROMPER CRISTALES

ROMPER CRISTALES
Primera edición: mayo 2024
Derechos reservados:
Ediciones Torremozas

© de los poemas y textos: Herederos de Milagros Polo
© de las Palabras previas: María del Pilar Palomo
© del Prólogo: Joaquín M.ª Aguirre
© de esta edición: Ediciones Torremozas

ISBN.: 978-84-7839-930-7
Depósito Legal: M-12141-2024
Impreso en Madrid

EDICIONES TORREMOZAS
ediciones@torremozas.com
www.torremozas.com

MILAGROS POLO

ROMPER CRISTALES

Antología poética

Palabras previas: María del Pilar Palomo
Prólogo: Joaquín María Aguirre

375

COLECCIÓN TORREMOZAS

MILAGROS POLO LÓPEZ nació en Madrid en 1932 y falleció en la misma ciudad en 2015.

Dedicó su vida profesional al estudio y la docencia de la literatura española. Estudió Filosofía y Letras en la Universidad Central (hoy Complutense). Fue catedrática de Lengua y Literatura de enseñanza media y profesora titular de Literatura Española Contemporánea en el Departamento de Filología III, en la Facultad de Ciencias de la Información de la Universidad Complutense de Madrid.

Su labor investigadora dio lugar a la publicación de numerosos artículos en libros y revistas especializadas, con estudios sobre José Ángel Valente, Luis Cernuda, Jaime Gil de Biedma, Valle-Inclán, Leopoldo María Panero, Rosa Chacel, Pere Gimferrer, Guillermo Carnero, entre otros. Asimismo, participó activamente en congresos e impartió conferencias.

Entre sus trabajos de investigación destacan los libros *Poesía y Poemas*. José Ángel Valente. Narcea (Madrid, 1983) y *Cuarteto y fuga para un espacio desierto*. G. Carnero, A.Martinez Sarrión , Antonio Colinas, Pere Gimferrer y Leopoldo María Panero. Ed. Libertarias / Prodhufi (Madrid, l995).

Más allá de su intensa faceta académica, Milagros Polo escribió poesía durante toda su vida, que mantuvo en un estricto ámbito privado. Muy pocas personas sabían de su actividad poética y nunca llegó a publicar ningún poemario debido a una promesa.

Solo hay constancia de la publicación de un poema en vida, «Del daño de amor espiritual», que obtuvo el Premio Altolaguirre en 1973 y fue editado en la revista *Caballo Griego para la Poesía* en 1977 (véase anexo fotográfico).

En los últimos años de vida Polo reunió su poesía bajo el título de *Lo sagrado y el viento* y dejó copia revisada en 2012, que envió a varios de sus amigos cercanos. Su deseo era que se publicase después de su fallecimiento, permitiendo así que su obra poética viera la luz. Su obra consta de los siguientes poemarios: *A través de mi hembra* (1949); *Impresionismo* (1950-1951); *Amantemente* (1952); *Mi pueblo* (1954); *Muerte de Safo* (1955); *Ética a Marthe* (1960-1961); *Coplas de ciega* (1961-1962); *1963* (1963); *Como canciones de cuna* (1966); *Ejercicios espirituales* (1974); *Caprichos* (2000); *Rachas de aire* (s.f) y *Reflexiones en marzo* (s.f.), y otros poemas sueltos. Además, el libro de aforismos *Epitafios para otras tumbas* (1955-1975).

La presente edición recoge una selección de poemas escogidos de estos libros.

Agradecimientos:

Queremos agradecer a todos los que han hecho posible que parte de la obra inédita de Milagros Polo haya podido publicarse. A sus hijos Alejandro, Juan Pablo y Ramón Zaera Polo, a María del Pilar Palomo, a Joaquín María Aguirre, a José María de Francisco y, finalmente, a Soledad de Andrés Castellanos y Andrea Rojas Luján que revisaron y organizaron los poemas de su amiga.

Palabras previas a la antología de los poemarios de Milagros Polo

A pesar de tener varias amigas comunes, yo conocí a Milagros Polo tardíamente, cuando, una mañana me la presentó Mª del Carmen Díaz de Alda, en mi despacho de la Facultad de Ciencias de la Información de la Complutense, donde yo dirigía el Departamento de Filología, y en donde Mª Carmen era profesora. Ambas, Milagros y Mª Carmen eran catedráticas de Instituto —Milagros lo era del Gregorio Marañón— pero en aquellos años se podía compaginar la docencia en los institutos con la realizada en la Universidad.

La reunión debió de ser fructífera, porque desde el 1 de octubre de 1987, Milagros estaba adscrita a mi departamento.

Durante ese curso fue, lógicamente, cuando se cimentó nuestra amistad y cuando pude constatar la extraordinaria valía como docente de Milagros. Y no solo por lo extenso y profundo de sus conocimientos, sino por algo para mí muy importante: su amor a la enseñanza, que se evidenciaba en el amor a sus alumnos. Este amor lo ha dejado Milagros declarado explícitamente cuando escribe: «Hijos y alumnos son mi única Patria». O, al frente del poema «Colegiales»: «A todos mis queridos alumnos, brillantes o torpes, todos encantadores».

En consecuencia, en cuanto que legalmente fue posible, ya al comienzo del año siguiente, es decir, desde el 1 de octubre de 1988, Milagros figura como Titular interino. Solo necesitaba que, tras convocar unas oposiciones, Milagros las ganara, como era de esperar, y esa interinidad desapareciera. Y en 1990, se publica, en el Boletín Oficial del Estado, su nombramiento como profesora titular. Milagros, en dos años, ha llevado a cabo una meteórica carrera. Y aquí, este escueto relato tendrá que dar un salto hacia lo que parece una fábula inventada, y en el que la protagonista es realmente una hermosa caja vacía. Me explico.

A los pocos días de su nombramiento, Milagros se presentó en mi despacho con una bellísima caja, cuadrada, de 20x15 centímetros. Una caja de madera, cuyo interior estaba forrado de terciopelo rojo y recubierto su exterior de una brillante lámina de latón, hermosamente troquelado, que reluce como el oro. La caja, como ya he indicado, está vacía y, lo repito, porque es un dato importante. Increíblemente, Milagros me explica el motivo del regalo: la caja está destinada a guardar un tesoro. Un tesoro que yo guardaré cuando quiera, porque soy una bruja, y con mis poderes mágicos puedo lograr todo lo que quiera. Vamos, que al parecer, con mi varita de bruja, he logrado siempre todo lo que he proyectado. La bruja, es decir, yo, no sale de su asombro, pero al parecer, Milagros habla en serio, y sigue insistiendo en mis poderes mágicos. Al fin, entre risas y bromas acepto mi brujería y me voy a casa con su bonito regalo.

Coloqué la bellísima caja en una repisa, bajo un amplio ventanal. Allí, cada mañana, y durante cerca de cuarenta años, ha recibido los primeros rayos del sol al amanecer, y durante toda la mañana en su supuesto trayecto. Y la caja ha iluminado, con reflejos dorados, mi mesa de trabajo. Pero, naturalmente, vacía, porque puedo asegurar que no tengo poderes mágicos y, por lo tanto, nunca he sido dueña de ningún tesoro merecedor del honor de ser guardado ahí.

Sin embargo, ahora, cuando voy a cumplir noventa años, en esta primavera de abril de 2023, puedo realizar el encargo, porque, al fin, poseo un tesoro auténtico, indudable, y he colocado en su interior, bien doblados, todos los poemas fotocopiados de Milagros Polo. En realidad, la bruja era ella, y además estaba en posesión del don de la profecía.

Mª del Pilar Palomo

Prólogo

No creo que haya un poeta que no se haya preguntado en algún momento de su vida sobre qué le lleva a escribir. Los lectores también se hacen la pregunta y tratan de saber qué lleva al poeta a escribir. Los críticos y biógrafos, por su parte, son aquellos que tratan de especular para satisfacer la curiosidad de los lectores sobre lo que hay detrás del texto, que se nos ofrece como un misterio del que solo llegamos a comprender lo más superficial.

A quien esto lee, tras la lectura de estos poemas, es seguro que le surgirán múltiples preguntas. No debe sentirse frustrado; las preguntas es lo que la Poesía debe dejar en nuestro estado de ánimo al terminar un libro. Los buenos poetas comprenden que la poesía no es el arte de dar respuestas, sino de llegar a los otros a través de las mismas preguntas, dándoles forma.

Los lectores comprenderán que se encuentran ante una situación poética especial, poco frecuente. En estos tiempos narcisistas y promocionales no es frecuente que alguien esconda su poesía, la silencie y solo la comparta con personas contadas.

Recibí un día un mensaje pidiéndome el número de teléfono. Era un antiguo alumno de doctorado, un viejo alumno que tenía algo que contarme. Y lo que me contó me dejó perplejo. Una de mis compañeras de departamento, la profesora Milagros Polo, que había fallecido unos pocos años atrás, resultó tener escritos cientos de poemas durante décadas. Eran poemas que no había publicado ni comentado con sus más allegados... ¡por una promesa!

Mientras hablábamos se fue encendiendo una luz en mí mente. Estaba sentado ante el ordenador y mi ratón se fue a moverse por la carpeta de Mis documentos. Fue descendiendo hasta encontrar una carpeta: «Milagros Polo libro». «Yo tengo ese libro», dije a mi interlocutor. «¿Qué?». La familia creía ser la única conocedora de lo que había sido un secreto bien guardado, incluso para ellos. Como en «La carta robada», la mejor forma de esconder algo es dejarlo frente a todos.

No recuerdo cuándo me pasó Milagros ese texto. Hacía años que no hablábamos. Yo me había cambiado de Departamento hace veinte años y aquellos desayunos en grupo en divertida conversación, aquellos cafés se habían quedado fuera de nuestras vidas académicas. Luego la jubilación hizo el resto. El documento quedó en la carpeta de mi ordenador. Mi memoria lo había recordado a fuerza de pasar sobre él. Ahora se mostraba su contenido.

Mi condición de editor puede que la animara a pasarme el texto, más de seiscientas páginas de poemas con un breve comentario descriptivo destinado la mayoría de las veces a una compañera a la que también hacía mucho que no veía.

Lo que los lectores tienen en sus manos y que espero que lean y disfruten cada uno a su manera es la punta del iceberg poético de la producción de Milagros Polo, una escritura secreta, oculta en su redacción. Es una antología de libros escritos y no publicados, desconocidos para casi todos.

Hay mucha gente que escribe en secreto, pero no todos los hacen por lo mismo. Los hay que dudan de su propia obra y los hay sin ninguna vocación pública. A diferencia de las novelas, que no se suelen escribir para uno mismo, la poesía es otra cosa, una forma literaria que es sumamente diversa en lo que implica la relación del poeta con su escritura y, posteriormente, con los lectores.

Como hemos señalado anteriormente, la escritura poética tiene mucho de diálogo con uno mismo, de dar forma a algo que inicialmente no lo tiene.

Hay poetas que te dirán que la poesía es sentimiento, otros que es una búsqueda de verdades propias, otros... El autor de teatro sabe que al final de la obra saldrá a saludar. Puede que eso sea demasiado pedir al poeta. La poesía es un diálogo, sí, pero no está tan claro con quién ni sobre qué. Lo que sí parece es que es un desvelamiento. Si para Pessoa es un «fingidor», lo es en un sentido existencial que nos revela que ese es nuestro estado natural, el irnos probando en un interrogatorio continuo. Este se puede realizar ante los ojos de otros o producirse en la angustia de la intimidad para salir después a la luz.

Milagros Polo escribió. Escribió con una sensación distinta a la que otros muchos poetas tienen. Hay en su poesía una sinceridad cambiante que le viene dada por su propia evolución como persona.

Si el poeta fija en el papel, este se convierte en su destino; si ese papel es leído, el destino es compromiso. Los demás me construyen a través de mis palabras, que dejan de ser mías. ¿Hay mayor paradoja en la creación que buscar la libertad, que es cambio infinito, fijándola?

Milagros escribió y se describió pero el hecho de no salir más allá de ella, lo que inicialmente parecía un obstáculo, se convirtió en una ventaja. Ser su única lectora le permitía crearse y recrearse en cada ocasión. Podía ser tan sincera como quisiera al no tener que fingir ante nadie.

Cuando finalmente dijo «¡leedme!» estaba cerrando un mundo que ya no podía ser cambiado. Había vivido dos formas de vida, la que los demás veían y la que ella creaba en su interior a través de la escritura sin lectura.

¿Qué es *poetizar*? Hay un estado primero, inicial e iniciático. En esa fase, quien escribe descubre un mundo en su interior, el de sus fantasías, el de la fuerza de los sueños. Posteriormente se pasa a un estado de definición en el que se forja la identidad y se expresan las inquietudes ante el mundo que nos rodea y con el que nos relacionamos día a día. Lo que cada día descubrimos en nosotros mismos como nuevas reacciones toman forma en el lenguaje.

Esta es la dimensión personal de la poesía, quizá algo que todos tenemos, como querían los seguidores de Rousseau y también los freudianos que ven en el niño el artista que se perderá o que logra salvar la edad adulta regresando a la infancia para dar los frutos de su imaginación.

Luego hay una dimensión social, cultural, donde la poesía es comunicada a terceros. Ya no se trata de lo que sentimos o pensamos, sino de lo que otro nos deja contemplar y de lo que podemos ser partícipes a través de la lectura. Esa poesía puede llegar a situarse en el centro de los pueblos y darles puntos de referencia para la creación de la identidad colectiva, que sus versos sirvan para pensar a través de ellos. Pueden, igualmente, convertirse en ríos que nos alejan de los lugares comunes de la vulgaridad.

Hay poetas narcisistas que buscan esa notoriedad, que escriben para ser leídos y abren con su arte su personalidad, sea real o no. El caso de Milagros Polo es otro.

La poesía pasa a ser en ella espacio interior, una vía paralela a la de la vida cotidiana en la que se inserta en secreto. Es una poesía en la que la promesa rompe la posibilidad de la lectura por lo que vuelve a ella en un diálogo constante y retroalimentado.

«¿Y tú quién eres?», se pregunta Milagros Polo. No hay otra pregunta en la poesía, no hay otra pregunta en la vida. La inconsistencia de las respuestas se revela en el tiempo, en cada momento en que esa pregunta se formula con autenticidad, con la sincera agonía que solo el Arte produce. Todo lo que hacemos con profundidad nos lleva al mismo punto, a esa misma pregunta. Cada instante, una respuesta. El hecho de que varíen sus respuestas no es más que el indicador de lo humano, de la naturaleza paradójica y circunstancial llevada al error por el lengua, por el verbo «ser», el más equívoco, el que nos lleva a vivir con confianza, pero que el escrutinio del trabajo poético pone en su lugar, siempre diferente, nunca el mismo.

La ventaja de escribir sin esperanza lectora es que no hay nadie ante quien fingir. La poesía de Milagros Polo fluye libre ante el espejo de sí misma y se va dando forma. No tener lector no significa que no exista *diálogo*, si no ¿para que hablar, para que decir?

Pero los destinatarios mudos son solo la excusa que hace crecer desde el silencio. *Poetizar* es tomar vida, como coger oxígeno antes de la inmersión en la realidad, allí donde solo es posible fingir:

A ti, Hombre te hablo:
Puedes seguir eterno de tabaco
con tus viajes de hembra
en cantinas de espasmo;

puedes subir al podio
de los altos discursos,
a la noria total
que te convierta
en un gusano lento.
Hombre,
tu «Historia» es ya la «historia entretenida»
con la que me divierto y me horrorizo.

Los lectores, a través de estos poemas, que son sendas de vida, podrán sorprenderse en ocasiones de las variaciones de tono, de las osadías autodescriptivas y de las aceradas descripciones del otro. Entre lo mínimo y lo absoluto, entre el ser concreto del día a día y la humanidad abstracta de lo masculino, la poesía de Milagros Polo va recorriendo el mundo a través de sus propias respuestas. Es ella la que tiene la voz, la que mira y describe, la que lanza sus diatribas. Es la forma de recogerse frente al mundo hostil que nos describe. Este repliegue se da en el lenguaje y en la escritura en donde trata de dar esa forma de refugio.

El Lenguaje *es* masculino, pero la Escritura, que es la forma de la voz, es plenamente femenina. Uno de los problemas del feminismo moderno es cómo usar el lenguaje, que ha sido modelado por los hombres; cómo distanciarse de lo que está ya marcado, como naipes tramposos. Las reglas, los géneros, las metáforas, las formas poéticas están *marcadas*. Encontrar nuevas vías se muestra como una necesidad angustiosa, pues es en las formas artísticas, en las textualidades, donde uno se define. Desprenderse de las capas que nos definen no lleva a una desnudez sino a una nueva definición cultural para poder ser *entre* y *ante* los otros de una nueva forma aceptable para el sujeto, que no signifique más que la renuncia a lo imprescindible.

Creo que se puede mirar la poesía de Milagros Polo desde una perspectiva de lucha por encontrar un camino. Es la ventaja de la soledad poética, que una vez determinada obliga a seguir adelante.

Lo insólito de la fórmula —¿cuántas Milagros Polo hay por el mundo, construyéndose en la sombra, en diálogo permanente con ellas mismas?— hace que no todos los caminos sean igualmente transitables. En el conjunto de esos libros escondidos, vistos desde fuera, hay callejones sin salida, pero que ella tuvo que recorrer. ¡Es tan cómodo juzgar la poesía desde nuestros educados sentidos! Pero otra cosa es *vivirla*, esconderla y dejarla en herencia para que sean los demás quienes la juzguen.

Una obra de estas características es un laberinto, un recorrido por senderos que ella misma se iluminaba. No siempre las fuerzas acompañan; la vida es dura. Pero la escritura es un camino sin fin cuando se enfoca desde la sinceridad, descubrir y descubrirse de forma inesperada, en cada palabra que sale sin moderación. ¿Es posible una poesía sincera? ¿Es posible decir y decirse, constituirse y deshacerse en un movimiento que no cesa?

La conciencia del fingimiento ahuyenta el ascenso (¿o es descenso?) hacia uno mismo para descubrir quizá la propia inexistencia, el vacío final de la *matrioska*.

Quiero quedarme con un poema, con un momento poético de descubrimiento, de autorretrato imaginado, de instantánea de una vida. Me refiero al poema *Monja laica*, un juego de autodescripción, quizá retrato imaginario del desear ser, máxima aspiración humana.

Es un instante, una acumulación de metáforas ante la imposibilidad de un ser transparente. Las metáforas se acumulan como las pinceladas sobre un lienzo para ir dando forma a lo que era antes un espacio vacío.

MONJA LAICA

Desterrada en las noches
contra el alba
realizo los caminos
de la esperanza ascética.
En una celda
al pie del alto Cielo,
entre una calavera
y un clavel.
No hay Símbolo ni Sombra
que me ampare.
Carbonizado el Mundo,
tan solo el vuelo altivo
de inhumanas estrellas.
En las mañanas
crecen cebos de oro,
triquiñuelas y sones,
falsos títeres
que me tientan
y parlan.

Aún me lloran los ojos
de su daño.
        Llagada estoy del Mundo,
en el frescor
del escondido huerto

que puso uvas
maduras al Sentido
y el alma envenenó.

Cogí con el rocío
un clavel sangre
a golpes flagelado
de pasión.
Y en el resto malsano
de unos huesos,
dejé la flor.

        No existe penitencia
que me salve
de este diálogo horrible
que me tienta.

Creo que es un destello, una pequeña vuelta a un punto del mapa que es la personalidad poética. La poesía no es una profesión ni una vocación; es un espacio que se habita, un espejo enmarañado que nos sorprende en sus reflejos.

La poesía que comienza con una promesa de silencio es un fenómeno extraño, casi diríamos que antipoético. Quizá esa soledad comunicativa, esa ausencia del otro, descubrió un camino recto hacia ella misma. Lo que encontró quizá no es lo que nosotros —lectores de última hora, invitados tardíos— encontramos o creemos encontrar.

Escribir en soledad rodeada no es sencillo. Y lo es menos para aquella que está obligada a dialogar con los poetas y con sus lectores, a explicar en un aula el sentido del verso ajeno mientras elude hacerlo del propio.

Puede que haya muchos poetas que como Milagros Polo hayan ocultado su arte dejándolo en la profunda oscuridad interna, al amparo de miradas. Hoy se nos ha iluminado el verso y podemos acceder al personaje interior, el que no conocíamos aunque tomáramos café con ella.

Joaquín María Aguirre

Madrid, agosto de 2023

ROMPER CRISTALES

A TRAVÉS DE MI HEMBRA
(1947)

ESCALOFRÍO lúbrico del verbo
hojas de otoño secas y caídas,
el escorpión que trepa por mis muslos
es un barroco instinto que me mina.

¿Quién silenciaba el labio enfueguecido
y el agrio seno que a veces se encendía?

Pero una hembra es eso solamente,
un síntoma de luz y de agonía.

MUJER

Soy la vieja alfarera de los siglos
y detengo el espermático limo
ignorante del trance que le espera,
pero aún   aún
me crece la soberbia milenaria
de creaciones que no tienen alma.

Soy la vieja canción de las rebeldes,
aria de adormideras y de llagas.

¡Yo pisaré los mundos, como aire,
a mi ágil paso vengaré mi raza
de azul coquetería...!

¿Y tú quién eres?

¡Una mujer inmóvil, que no avanza!

Desprecio

Vinieron a decirme los estetas...
y les hablé de mis pezones grana.
Era igual su relincho a fogonazos,
era el mismo rebuzno de las cuadras.

Hay que oír las escuelas de los hombres
con alma de mujer... o de sultana.

Vinieron a enseñarme los estetas
el camino de hembra que me aplana
y posaron su zumbo heracliteo
en el seco desierto de mi llama,
campo esculpido por las avutardas
donde tiritan beodas encinas
y toca el río con su flauta de agua.

Vinieron a decirme los estetas...
y nos comimos juntos la manzana.

Contextos

I

Ciudades de la Tierra, destruís
mi diáfana infinitez redonda,
¿qué muros en mi viaje vais poniendo?

Yo, que viviría en un pájaro
me ahogo en vuestras jaulas de ladrillo.
Yo, que sería una pequeña flor
si el asfalto no me tiñera gris.

II

Huelo a espacios, la luna se derrama...
Ciudad enraizada en alquitranes
¿cómo no acabas nunca de moverte?

Lejos... selvas de aguas silenciosas,
alas de cuervo, fijas, negrísimas.
Largas montañas donde el eco escala
y rompe la soledad telúrica.

Fuera, babélicos asfaltos verticales
contra el cielo del este y el oeste,
ahí somos esclavas por calles apestadas.

¡Y mi espíritu sueña con ser libre!

III

¡Oh tú, Ciudad, geometría nefasta,
tumba para mi cuerpo, negra noche!

Se abrirán las sirenas en el mar,
en el paisaje crecerán los chopos,
el rumor se besará los pétalos
y mi mujer de luna gemirá.

En ti, Ciudad, ya no habrá más que hembras
roturadas, baldías, como monedas falsas.

Al borde comunista de tus moles
pasan hombres, manadas de hombres
con sus ojos en mi tambor de instinto.

Me llaman, me piden...   Hembra.

Garrapateando en el orbe escribiré: Nada.

Enfrente: el dios, el hombre, el mal, la guerra...
Enfrente: NADA... solo quiero la Nada.

IV

La nada, todo, nada, nada... Nada...
¿Y qué del alma, la quimera del alma?
Caderas, labios, hijos para la Tierra.
¿De quién el alma, quién la llamó alma?

Si me doy es que creo que eres dios o diablo.
Y no soy, y no tengo, y no soy y no tengo...
Carne, pútrida tierra, bulbos blancos, pistilos,
óvulos reventados en tercas primaveras,
vertederos de muerte en la Ciudad de Muerte.

Mi sangre germinará en los campos
frenéticos de guerra, guerra y guerras...
Con ruinas y conceptos perdidos en leyendas.

Quietamente mortal en mi cuerpo de hembra,
flechada a lo infinito, en periscopio,
hacia un desierto de ángeles en pena,
ignota en el panal de tantas ruinas.

TRISTEZA

Dos cereza en blanco flagelado,
un rojo tulipán hendido a hachazos.
Y por ello me acosas como a un perro.

Una galantería por leerme,
una debilidad que te hace fuerte.
Eres la fuerza de un potro sin cabeza.

¡Has dejado olvidado un paraíso!

Queridísimo mío, queridísimo,
no eches al dios la culpa.
Nuestro terrible hado es no sabernos.

Pero tú me bautizas en su Nombre,
su Santo Nombre tuyo, coz y piedra
que apuntala mi infierno.

Me asomo a ti por esa piel caliente
cueva donde penetras y me enarcas.
Y pensaba, pensaba... mientras cogía
los besos sin murmullo de las flores:
del ruiseñor a la plata del agua,
del grillo de oro al cielo de cobalto,
del Dios a Mefistófeles no existe
una distancia como de mí al Hombre.

¡Oh, líquida pureza de una niña
que tuvo el corazón como una corza!

Hoy sé que ese «principio» es imborrable
y rueda en los abismos de la noche
por rótulas de espanto que no cejan.
La carne es tierra y crece infinitésima,
el saber es la boca que devora,
la calavera es un destino infame,
la carne es Una y llama absurdamente,
comunismo total de mil entrañas.

¡Oh, dulce paraíso de ignorancia,
dejad, no hablad, es algo para siempre,
soy el cero más hondo de las albas!

TENSIÓN

Cuando vienen los hombres como hombres...
cómo me siento hembra fatigada,
qué arena, qué miseria, qué desnuda,
con el temor violento que no acaba.

Amor, arte, quimera de un instante,
después... una costumbre que taladra.

Hay una duda altiva que me llama:
la destrucción del cuerpo o del alma...

Cuando vienen los hombres con su hombría
hay que ser hembra solo y lanzar llamas
para quemar sus mundos y sus dioses,
amando lo más nuestro, porque viva,
odiando lo más suyo que me ensarta.

Si fuese rayo, huracán o espada
destruiría hombres con sus mitos,
códigos, biblias, sepulturas ciegas,
hasta correr la sangre... ¡liberaría Hermanas!

Últimas memorias

Si la carne supiese recordar...
qué granates poemas reventados,
qué cordones de lágrimas elásticas,
venustidad picante de varones,
fiebre de mis hachazos femeninos,
fugaces perdurables del amor...

Hombre en que habito cobijándote
en un convexo cóncavo vital,
en abrochado círculo de esquinas,
hablar de ti o de mí o de obeliscos
es un tejido inútil, falsa trama.
Ser tú, bieldo, yo, rueca de cerezas,
mórbidas, frescas y cirueleantes
como un tapiz de fraudes y cortinas.

Hablar, no aclara nada en nuestro todo.
Lo sé como el oráculo más cierto.

Sé que amas las cintas de naranjas,
las crines de mi pelo, el rojo negro.
Imágenes esféricas te acucian,
albos calvarios de crucifixiones
donde mis cascabeles tocan alto.

Yo me quemo en la noche de pajones
mojados, de isósceles deseos,
de tórax con raíces de culebras
por tus brazos, del clamor mesetario
de tu pecho, tu bronca voz que miente.

Hablar no aclara nada en nuestro todo.
—Albas brujas quemadas me advirtieron—.

Hombre,
¡no fabules, no mientas, no hagas leyes
de dragón que abra el circo de mis llamas!

No pensar, no saber, no pensar...
Es mi remedio enjuto y miserable.
Solo bailar, nocturna, abrazada al dios Pan
cabrío, verdinegro, orangután y lobo
abierto al gran Deseo... y ¡tan locuaz!

Matar el alma

Un hachazo, mil hachazos, dos senos.
No hay suficientes hachas, no hay más senos.
No. Solo existe un estúpido miedo.

¡Ay, si el suicidio fuese como un vino,
yo sería una hostiaria de suicidios!

Una cabeza, un brazo... y sangre,
hasta sacar el «alma» y verla viva
con su color de espuma y su latido,
cual fresco chorrear de pino joven.

Cogerla, estrangularla, deshacerla,
y su grito de anémona cortado,
y su aire de esfera y su alto limbo,
arrancarla del árbol de mi carne
por locura y por gloria de una Hembra.

¡Ay, si despacio cortase mi carne
sajando rojas dalias, negras dalias!

El sol cincelaría con su fuego
la nebulosa, enferma inexistente,
la blanca sombra seca, inoperante.

¡Ay, si aún no amase lo infinito...
con guadañas pequeñas la cortara!

¡Mujeres de la Tierra!

Desde todas mis heces proletarias,
desde mi individual tesón de ser
mi yo, junto a las masas comuneras
y las aristocracias fisiológicas,
amadora del viento y la matriarca,
destruida y reciente en este siglo,
dispuesta a la gran guerra contra el hombre...

¡Yo os saludo mujeres de la Tierra!

Las que soñáis en cinco continentes,
las que rugís, besáis y vais muriendo...
Las oscuras, las frívolas, las tontas,
las místicas, las vírgenes, las locas...
Mis hermanas, las que vendéis la carne
en las ciudades donde se ostenta fe.

¡Yo os saludo mujeres de la Tierra!

Nórdicas, oceánidas, últimas,
las que habéis escondido la razón
en la *úbica* viola de la forma.
Mujeres de la Tierra, afrodisiacas,
gibelinas, freudianas, simples, chollas...

¡Yo os saludo mujeres de la Tierra!

Mi soberbia es tan solo la mímesis
del bramido del *homo latexcente*.

¿Qué importa la vida de estadística,
el mundo geometral de los estúpidos,
mocos ebúrneos, baldes de hojalata?

Los cánones son el maná del tonto,
sus códigos astillas en la sangre.

Hermanas de mi carne, las sufridas,
somos el parto de mil culturas tristes.

Por ventiscas de cuarzo he calcinado,
por salientes de antiguos hipocampos
donde el hombre me daba, «enamorado»,
su gravedad cruel y monstruosa.

Hemos venido por los arcos voltaicos
de sones y pasiones y demencias,
en el moscardoneo de la sangre
que se agobia en zigzag inútilmente
para caer, cadáveres, al barro...

¡Destruid los rabeles figurados
y escanciaros el alma con soltura!

Mi saludo es alud y teofanía,
rejón de luz y alba de la Vida,
espada en el costado de las lenguas
que nos hicieron vírgenes y diablas,
viejas esclavas en la Noche Eterna.

¡YO OS SALUDO MUJERES DE LA TIERRA!

QUIERO decirte todo y toda.
Me dejaría probar para que luego
nunca te arrepintieras de quererme.

Yo no traigo el engaño
de las hembras de siempre
escondido en las formas.

Yo no soy ni serpiente
ni zorra ni cordera,
soy una mujer pura,
primitiva, novísima
que lucha por la entrega
total y sin resquicio.

Mi llama quemará
donde tu enciendas,
donde tu sientas
palpitaré contigo,
donde tu mueras
se borrará mi sombra.

Yo soy la que me entrego.
Mi verdad te hará daño,
te lo juro.

EL SECRETO tan áspero que ocultas
rocíamelo en la frente,
ese palpar bemólico del habla
cíñemelo en martillos
blandamente.
Deja así tu mirada
a la orilla del aire,
que el fuego no me queme.

El principio y el fin
son horizontes
que siempre me engañaron.

Sentada solamente
en el estar del día,
dormida entre los pozos
de las horas que acaban.

No límites, no muros,
no palabras urdidas,
no promesas o nubes
y tercas esperanzas.

¡Solo el instante,
como único hálito
ciego de la Vida!

¿PERDONARTE?
¿El primer sol que
destempló tus hombros?
¿Eva que hirió tu ansia?
¿Un beso de mareas?
¿El vals inconfesable?
¿Perdonarte?

Amor mío
yo carezco de lógica,
mis códigos son naves.

La arena es más hermosa que
el Sistema, y el árbol del Deseo
que se deshace en música
más que la seca Ciencia.

Yo beso los claveles,
guardo lluvia en mis manos,
mis caricias son aire.

¿Perdonarte?

El único pecado
es no arrojarnos
al Amor que nos llama,
traicionar con premisas,
falsificar el cuerpo
y razonar la sangre.

¡Amor mío, el horrible
pecado de la lógica,
que te perdone Dios
si tú la sigues!

MUERTE DE SAFO
(1955)

POR si el Dios nos pregunta
y habremos de decirle
que no sabemos nada,
que apenas se dibuja su esperanza
como un párpado bello adormecido.
Ya entre esqueleto o hierbabuena,
la extraña forma que arrastramos
en rápidos instantes consumidos.
Por si el Dios ya se ha muerto
entre alguna bandera que no sirve,
ensalzado o matado por la violenta
busca de los hombres, es mejor
que quedemos suspendidos
en el cable más fijo del cansancio.
No inventar largos trucos malabares,
no talarnos el tubo que respira
debajo de las aguas procelosas.
Quédense las palabras como ánforas
para acunar la olas de los días.
No persigamos puños
de ira contra el viento,
no soñemos planetas
de monstruos y utopías.
Hay bastantes cadáveres
de rodillas y lágrimas
en negras cataratas imparables.

Por si solo los brazos
de la pálida madre
nos esperan,
seamos como el árbol
que muere en la llanura.
Alguna lluvia es buena.

Lo malo de los buenos
es que lo tienen todo
ordenadísimo,
y si les pides agua,
en un instante, dicen
que es la hora de leer
a Tagore.
Mas no importa,
ya vamos aprendiendo
que no se ama ni se odia
mirando, quedamente,
como vuelan las hojas
del otoño.

YA nada puede hacerse,
ni nada que decir.
Hay que cumplir la vida
y emocionarse un poco
si pasan los soldados
o vuelan las saetas a las torres.
Mirar si viene la lenta caravana
de los tristes atados
al carro poderoso.
Mirar, más allá de la nostalgia
oscura del crepúsculo.
Ya nada puede hacerse,
sino sabernos más muertos
frente al sincero espejo del lavabo.

TENEMOS que habitarnos
y quedarnos dispersos
en paraísos íntimos
del que a veces nos echan
ángeles corticales
con navajas de risa.

Tenemos que bajarnos
a los círculos hondos
por esa cuerda floja
de la huida y el miedo
cuando el mundo oscurece
y los feos disfraces
puestos en pie se ríen.
Volvernos al origen
de los niños raíces,
desalquilar el miedo
de las cuatro paredes
de la carne violenta
con sus pisos vacíos.
Reunirnos totales
en el único ojo,
fijo de la parálisis,
del odio, la mentira,
la peste de los sueños
que intermitentes nacen
renacuajos tubérculos.
Acabar... acabarnos
con dureza de muertos
tenacidad y ritos.

Sé que existen claros arroyos
donde os miráis,
porque un dedal de agua os basta,
pero yo tengo sed de fuego
y cuando miro el humano de trapo
felizmente obediente,
retumbo de un portazo
y me pongo a gemir como matando
cosas que, acaso, no debéis saber
nunca.

PORQUE... ¿qué queda
de este extraño viaje?
Cuántos espejos vanos
donde compadecernos...
Y únicamente queda la palabra,
con ella contestamos,
con ella nos mentimos,
llama donde templarnos,
caricia de los sueños.
¿Qué es todo sino verbo
con la vida humillada
un instante de alas y ceniza?

NECESARIO es que llueva
y se ahoguen las cuevas de las fieras,
que una espada de luz
rompa de un tajo
la tensión asfixiante
de la Vida,
que algún amor nos ponga
como pieles de nieve sin pisadas.
¿El Dios de la agonía, de la sed y lo amargo
como ejemplo de vida?
Dios inventado y muerto
en nuestra boca incierta,
como llaga que implora,
como maná de Muerte.
¿No ve que estamos ciegos y perdidos?
¡Oh Dios, danos la Muerte,
no germinemos nunca!

¡QUIÉN fuese muerta de mar!
Lenguas que besan olas
blancas y rugientes,
desde trapecios de conchas,
anchas y libres
alzadas a la altura
de cipreses marinos
que avizores se lanzan
a los barcos del hombre.
¡Quién fuese muerta de mar!
Destrozando madera
de los vivos navíos,
siendo agua del agua
sal de su carne, ruido
de su infinita furia...
Muertos que danzan
en el palo de las gaviotas,
que oyen sus músicas
hermosas y quebradas.
Olas que sueñan
ocultas en ánforas antiguas
verdes, rotas y rumorosas.
Viajar con estrellas y caballos
de espumas destrozadas,
esparcidas en atómicas algas,
deslizándose ebrias
a las playas humanas
donde gimen los niños.

Muertos perdidos
sin túmulos ni fecha
cuyos huesos de estaca
se clavan en las arenas vírgenes.
Mar de muertos ocultos y dinámicos
que huyeron de las citas sagradas.
¡Quién fuese muerta de mar!
Oírse bellamente los huesos en diluvio,
entre fronteras de esmeralda y pez,
lejos de los calvarios y las cruces.
Intentar el amor de ríos sofocados
y cegar las preguntas sin respuesta.
Estrechamente haciendo acordeón de iras
retorciendo los cielos que se escapan
con las nubes que llueven su dolor.
¡Qué gran navaja abierta para el daño
si pudiese ser muerta de los mares!

DEBAJO de los cielos espantosos,
de las mojadas aguas,
por las tierras monótonas
vamos ciegos e inútiles,
diminutos y extraños, olfateando.
Izando cruces y banderas
para humillarnos más, para esperar,
por si algún Dios se apiada
del vergonzoso mundo
sin fuentes y sediento.
Redondo osario calcinado
donde se alza inerme
esa retama humana
apenas sostenida
frente al terrible Viento...
¡El Viento, barra el Viento
todo hito Sagrado!

Porque ya es necesario
morirnos para siempre,
lejos del gozo triste
y la humildad amarga.
Morirnos totalmente
sin restos que señalen,
ni siquiera la Nada.

EL crepúsculo arde en hostia roja
frente a los ojos vivos,
consumiendo, matando las preguntas
como un hombre a su presa.
El horizonte alarga con su espacio
nuestras garras en ansia.
¡Todo insaciable siempre,
eternamente lejos el Espacio,
horizonte a la Nada!

Si preguntamos luego
a los oscuros muertos
que fueron nuestro pan,
nuestro amor, nuestra sangre,
no nos responderán, ni el
yerto yeso de calcinados huesos
tiznará nuestra frente sepultada.

Muertos sobre más muertos
se apilan en oteros y cañadas
que trepan a la Sombra.
¿Cielos, ángeles, otras cavidades
fletadas por la angustia y el miedo?

ÉTICA A MARTHE
(1960-61)

SOBRE la arena...
Sobre la arena que se ahoga inútilmente,
sobre la arena pálida de caminos que van a todas partes.
Tendida arena donde ningún cimiento de catedral
o torre se sostiene,
ni ajedreces, ni huellas de ligeros pies amantes.

Siempre allí,
sobre la arena, sobre la arena...
Deseando humedades de labios
que naciendo se abren y se abaten
secretamente al aire, al aire, al aire...
Con jardines cargados de poemas,
de mil alas de ángeles prohibidos
tras el muro de los bestiarios humanos.

Arenas como mil veces repetida de rezos y pecados
en la oscuridad donde nuestras muertes se abaten.

Es bien fácil, Marta,
sobre la arena tu sueño...
Y solo las más muertas lo sabemos,
las que ya sin un hueso y sin un ancla admiramos
la belleza del Hades.

¿Tú lo has olvidado?

La arena no se comunica,
se rompe y trocea en sus cuencos de sabiduría
como esos labios que tocamos un viaje irreparable.

El esplendor del mar puede matarnos, más
bajo la sombra amante de un cuerpo vivo.

Pero silencio...

Yo no te predicaré otra cosa
a la orilla de las ruinas de España,
óyelo Marta,
en esta orilla de mujeres de esqueleto y hierbabuena
que quemaron un cirio por un beso.

Si hay algo que me valga
es mi balanza sin juicio,
porque sería fácil hacerme la sirena,
la virgen o la vípera.

Las palabras son muertes para vivos
y entre grama de verbos la poeta se esconde.

A ti que ya no eres mujer con ley ni espera,
esta sinceridad puede
tacharte, condenarte.
Ayudarte tal vez...

Ni hombres con las forjas de la muerte,
el instinto de guerra,
el poder de los lobos carniceros,
espíritu del buey cornamentado,
creyéndose sagrados depredadores,
pigmeos eruditos de la Nada,
Sombras de Nada, solo.

A ti, Hombre te hablo:
puedes seguir eterno de tabaco
con tus viajes de hembra
en cantinas de espasmo;
puedes subir al podio
de los altos discursos,

a la noria total
que te convierta
en un gusano lento.
Hombre,
tu «Historia» es ya la «historia entretenida»
con la que me divierto y me horrorizo.

Tus guerras,
tus honores,
tu fatuidad,
tu cielo...
Son patrañas sin dioses
para mi seco huerto.

Pero yo te comprendo
caído entre mentiras
y estiércol de mil años...

Allí mismo te esculpo
como gran genocida,
ciego en forjar infiernos
y crímenes abyectos.

Qué espantosa quimera,
qué imposible destino
en tu boca de siempre.

Cuando hago poemas ruedan
los androceos de pastiche
y hay ética embebida
en gestación de arácnidos.

¡Qué pancartas, qué fraudes
me suenan por siglos de los siglos!

He de cortar de un tajo
tanta inmundicia, historia
con vampiros distintos
y similar escena.

¡Y cómo vuelves siempre, necio,
enloquecido y terco
a recoger las sarnas de tus biblias
con insignias sagradas,
genuflexiones lerdas
y rezos miserables!
Tu dios de pacotilla
en tus negros instintos camuflados
con rituales de risa y de violencia.

Pero yo te comprendo...
quemando tus botones de simiente,
rematando tus ojos animales
con violetas de rápida piedad.

¡Qué bien poco me sirven,
tus leyes y tus salmos,
qué terribles senderos
las justicias que trazas!

Y vuelvo, siempre
vuelvo a la tierra medieval de mi sangre
y allí miro mis horas,

piedras que siempre caen
sobre mis hombros.

Cuando predican...
ese Pablo de Tarso,
pablos de mil escuelas
desde el sur hacia
el culo de botella del mundo,
cuando encienden torturas
de millares de horas
en epístolas necias,
tutorías de horror y candelabros...
¡Cuánto horror entre cirios,
sándalos y cantatas!

Así me crece el cáncer
por entre las costillas
que jamás deformé.

Y en el tronco más negro
de tu sabiduría
ya no crece la hierba,
pues mi boca de junco
jamás volvió a nacer.

Mi salamandra espera
algún futuro Edén.

¡Que mi ira reviente
debajo de tus pies
con raíz de naranjo,

y un ángelus de cieno
teja ovas de pez!

Me segaré la lengua
en rimas pareadas
y lenguajes de hiel,
mientras consulto infiernos
en sucios laberintos
sin hilo de volver.

Hombre.

En el cuarto cerrado
de mi meditación
padeces de contagio
la crueldad del dios.

Dime, ¿has pensado algo
sobre mi «rosaser»?
Rodillo volteando
sobre mi piel secreta,
ausente de mis oros,
pozo de siete pies.

Pero a veces me olvido
que te faltan espacios,
dientes de polen, bocas,
las dunas del Misterio
donde habito a la vez.

Eres bárbaro y necio
desde mi ojiva gótica
cuando ya me deslizo
sobre mi piel novísima
como animal caliente
que cultiva desdén.

Hijo,
estos son mis ojos de Brueghel,
un paisaje de perros y de hombres
con las púas castañas de árboles helados,
tristeza más alta que los cipreses del cielo.

Aquí llegaste e ignorante duermes
como una flor al pie de un ancho río.

Hace mucho, ruedas de soles hace,
llegó al pie del Indo un hombre rubio.

Su madre, en la soledad de la historia,
acaso llorase como yo...
Pero la historia como un agua corre
y ahora lloro yo al pie del ancho río,
sagrado, indescifrable.

Por si un día leyeses...
Tan solo quiero hablarte:
solo somos un mástil
en el inmenso océano,
y un golpe de su fuerza
nos hunde en un instante.

Pero hay que desear
ser voz, clara andadura

hasta que las arenas del desierto
esparzan nuestros sueños.

Cierzos del cielo...
Apenas eres
y ya el dolor y el llanto
te persiguen.
Las torres del Tiempo están alzadas
y culebras de horas se despliegan
hasta mis pies descalzos.

Una madre, peregrina hacia Delfos,
quiso saber el timón de tu sino
entre el vivir tumulto de los hombres
que se gritan y matan para oírse
en sus verdades falsas.

También, como ella, ajena y dominada
por diminutas fórmulas,
cínico el ojo de mirar los mitos,
laureadas consignas y temibles
palabras corporales,
busqué el destino tuyo.

El destino se esconde
desde Oriente a Occidente,
y no pude saber...
solo el Azar y el Viento.

Hijo,
es cruel
que se confunda el sueño

con la magia y en los carros
triunfales vayan locos esbirros.

El fango es mala cosa,
se respira la sangre,
se barajan los hechos
y el olor del estiércol
nos avisa a escapar
del poder de los hombres.

Una noticia llega
traída por el Viento
y el Poeta la escucha
transparente y cautivo.

Adornados de cifras,
de mentiras y sueños
seguimos las estelas
de fugaces estrellas.

Solo tengo dos manos
papeles en el aire
hojas blancas,
minúsculos papiros
para intentar con signos
conjurar lo nefasto.

Hijo,
con tu dedo más ágil
pintarás en mosaicos
a los bellos dragones

que un día se presenten
en tu espacio.

Como loco arquitecto
levantarás tus sueños.

Cuida que la pizarra,
la piedra,
el lapislázuli
grabe bien
lo que quieres.
Los demonios
acechan
y los dioses
se han ido.

Nos lo dijo el poeta
que enloqueció
en el viaje.

Para tapar el ruido
tentador
pon cera en tus oídos
como el marino griego.
Sí,
bordea ya la orilla
del gran Río Sagrado
donde los inmortales
escribieron palabras
y mil palomas blancas
anuncien la Esperanza.

Mira,
mira el otoño,
espacio de tu signo,
las más doradas hojas
van a caer,
y parvas de deseos
acaso caerán.

El agua viva
arrastrará su muerte más alegre,
verde, negro, oro quemado,
las hojas caerán
sus túnicas de hadas
para la fiesta roja
del otoño muriendo,
cuando tú llegaste.

Mira,
Hijo,
el corro de las hojas,
las que van a morir
con un silbo de viento
en una azarosa danza
de impiedad.

¿Y los árboles?
Rostros grises,
helados,
callados,
destinados,
cercenados de hojas.

Pero otro día
volverán a crecer
como pájaros verdes
henchidos de deseos.

Algo más,
Hijo,
algo más debe existir
y ello está ahí...
¡De pronto!
Es la oscuridad
que volverá a la luz
como rueda imparable.

Mira,
sigue la oscura senda,
pues no hay otra.
¡No la pierdas jamás!

¿QUIÉN ha mandado
al sexo desplegarse
ajeno a la dulzura
de las horas?
Cárcel oscura
al exterior del mundo,
nido que siembra
más nuestra penuria.

¿Quién, de qué semilla
su crueldad sin tino?
¿Qué colmillos sin boca,
sin palabras
royendo lo más sabio
que podíamos?
¿Por qué pendiente
escurre su potencia,
y el furioso correr
de sus veloces pies?

Podíamos ser dioses,
tal vez fuéramos dioses,
si no mermara impía
la paciente paciencia.

Móviles, locos,
algunos ignorantes
se entregaron al brazo

de la ola que inunda,
se transforma, seduce
con caretas y nombres.

¿Viste?, un golpe de mar
alzado en gran belleza
hundió las bellas naves
de jarcias desplegadas.

Caballos de Darío
no galoparon tanto
por la red de ciudades,
ni helados frontispicios
de hielo en estandartes
quedaron como parva
yertos y mutilados.

¡Ah, la miel de lo amargo,
la alianza de males
que nos gasta!

Escucha, Hijo,
son las acies romanas
desplegadas,
los veloces caballos
de los bárbaros,
los cruzados uncidos
de pasiones feroces.
Con tambores
y espadas de avaricia
cruzan los horizontes
de la historia.

Águilas imperiales,
cruces gamadas,
carátulas con soles
máscaras guerreras,
los caballos finales
del profeta de Patmos
persiguen a los hombres.
¡Pobres hombres sin dioses,
pobres dioses sin hombres!

Será el que viene
reptil hacia la sangre
que repite la muerte
y renace la muerte,
y el asedio nos cubre
de Silencio.

El Silencio es espeso
y se oye y retumba
por Todo el Universo.
Es canto de sirenas
que atrapa a los incautos.

Si se pudiese decir NO
con boca de volcán arrasador,
con labios deslumbrantes de ira,
con estertor de ahorcado,
yo sí diría No
al Universo Mundo,
su increíble Belleza
y su absurda Maldad.

Habría que empinarse
por los montes más altos
y agarrar el Reptil
para extirparlo.

Quedarnos solo humanos,
Santos como animales.

Habrías, como serpiente
interesada en su veneno
quedar en el letargo,
del instinto terrible
que no tiene malicia.

¡Qué paisajes perdidos,
qué vida derramada,
qué grandes los desiertos
con vara de Moisés
que nace el Agua!
Encadenados, albos,
asfixiados en la garganta,
pasando por la herida
de nuestro Inmenso Cuerpo!

Así puede engañarte
el Reptil escondido
entre la bella fronda.

Tal es su vestidura
de alta primavera
despeinada,

linda de lapislázuli
y de oro,
solapada y cruel,
Reptil o Anfibio
que confunda
tu senda.

Hijo,
renunciarás a las esferas
a lo más alto del pensil florido
y su carro te arrancará del día
en la tarde de olor a pinos secos,
cuando la hierba como el mar
te lleve por el mar de la Tierra.

¡Y cuántos reinos y claridades
a tu paso verás!

Como canciones de cuna
(1966)

Mɪ fórmula secreta
puede ser ya contada
a los niños lejanos y futuros:
«Érase una vez una mujer cautiva».

En el reloj colgado de las noches
se repetía el *ritornelo*:
«Érase una vez una mujer cautiva».

Y mientras caminaba
bajo soles y lunas
mi fórmula secreta
era tan solo el cuento
que siempre me contaba.

Suicidar.
Es la palabra auténtica
con principio y final,
cuyas riendas el hombre
lleva, contra los dioses.
Canto total de pájaro sin alas.
Espada que asesina
al Dolor indecible.
Suicidar.
Única palabra
que ilumina las Sombras
de azares y castigos.
Rayo sin luz
que el hombre tiene a mano
para matar el Mal
y sus secuaces.

I. Del amor

Venus y Adonis

Sobre máquina roja rugidora
en el bosque nocturno de semáforos
descabalgas con tu cintura leve.
Las manos del amor y la delicia
encienden los escapes
del tufo y el demonio.

¡Oh, Adonis!

Suéter yelmomarino
cubre la hoja cobre
de tu pecho, sosteniendo
la flor de los nogales
al mármol de tu cuello.

Ya barroca deslizo mi mirada
por tus ojos... de verdes dioses
eco... sombra... sueño...

Llueve polvo y ceniza,
leves gotas
tocan tan dulcemente
la perfección del gesto.

En tus labios envidio
el agua eterna
de la lluvia.

Soberbio posas de violenta belleza
y yo desnudo sin pudor tu cuerpo
con los viejos recuerdos que me apresan:
... la avidez estrenada del deseo
... el pájaro cautivo de tu vientre.

¡Ah, derrotado pez de mi derrota!,
aprietas el pedal y huyes
por ese bosque lleno de peligros.

¡Oh, Adonis!

Ofrenda al olímpico

Para un Hermoso Caballero del Este.

Apareció la luz
en los halcones
de sus ojos de hombre.
La ceniza dorada
de su barba,
el revuelo trenzal
de sus cabellos
y en la boca,
un ansia de morderla
maniataba.

Daba la luna toda
en la plana llanura
de su pecho
y en su musgo, la brisa
era tierna locura.

—Más a meditación
nos incitaba
semejante impostura—.

Al fin, vencida fuimos
al verle caminar
sobre sus piernas
con la gracia viril,
donde acontece.

En un instante, eterno,
fuimos rosa arrasada
por su viento.

Oficios de amor y muerte

Ayer... fue ayer...
En bellas singladuras
por pinares verdísimos
dorados.
Viento y ramas hacían
un solapado son
de diablo y flauta.

Hoy, es llanto la lluvia
de aquel tiempo.
Ayer... fue ayer...
Hoy hacemos amor
y lo oficiamos
laicos de una Verdad
que fue sagrada.

Solo existe la Muerte.

El espejo

Para J. A. Valente, tan oculto y tan evidente.
Porque le gustaba este texto mío.

La dama,
madura oscuridad
en sus ojeras,
el arcón abre.
Busca los viejos
aderezos,
leves sedas que ciñeron
otro cuerpo.
Los senos, tristes
magnolias tristes.
Su mirada
más hermosa
y velada que entonces
medita
ante el bruñido espejo.
Perturba su rostro
loca melancolía,
y modela con rojo
labios de malva
crisantemo.
La dama
pierde el tiempo.
Efebos y linternas
ciegan raudos.

Hermoso como nunca
es el cielo dorado
de los árboles.
Espléndida y efímera
el agua del espejo
devuelve sombra
ingrata.

Ella
huye a la cita
donde será vencida.

II. De la vida

Epístola moral a Lesbia

Para Maya Smerdou Altolaguirre,
estudiantes y amigas de la Complutense.
Y luego advenimos profesoras... ¡Qué cosas!

Lesbia
recuerdo ahora
aquel tiempo fugaz
hecho de margaritas
y de sueños,
con todos los misterios
encendidos
como velones mágicos.
Tú partías al mar,
luego subías
por las tierras de Godos
y de Francos.
Yo,
quedaba en la tierra
del fuego y la sequía
silbando versos
como las serpientes.

¡Oh Lesbia, Cara Amiga,
qué hermoso el tiempo aquel
de los grandes pecados capitales,
de confesiones largas
hasta enseñar al confesor
la Lengua.

Aquel tiempo, fugaz,
de hacer ajuares,
con la virginidad
tan bien cosida,
prenda que ajuste bien
al caballero, exigente
y lechal.

¡Todo se fue al carajo,
Cara Lesbia!
Por la eterna Castilla
de D. Jorge
también busqué:
la vida de la vida,
más Vida que la vida,
la Vida de la Muerte.

Ahora fúnebre estoy
cual corresponde
a un poso del Gran Río.
Y te invito al recuerdo
recién pactada
con Rodrigo Caro
para decirte aquello:

«Estos, Lesbia, ¡ay dolor!,
....
fueron un tiempo Itálica famosa».

Conciencia y náusea

Para Rosa Chacel, bruja inteligente, tenebrosa...
Fui a tu conferencia. Me llevé a mis tres pequeños hijos.
Y dijiste: «Aquí viene Tati con sus obras completas».
¡Qué regalo mayor, tus palabras!

Esta bestialidad
hecha de libros,
música, silencio
donde acuno los tristes
PEN–SA–MIEN–TOS.
Esta «bola» sutil
que con humos de diosa
voy pasando
mientras dejo
volar por los aleros
los hermosos deseos.

¿Acaso es que no encubro
reptiles exquisitos
caprichos diferentes,
zurdos y malfadados,
necios y tenebrosos?

En este viejo oficio
himplado de palabras,
lapidario de verbos
y cubos de metáforas,
baila la vanagloria
se resquebraja el mundo
y se quiebra el Redil.

Voy a cerrar los ojos
con el opio angular
de la Estética Insana.

Apostaré a la Mónada,
Diógenes y Epicuro,
y por el zulo abajo
resbalaré al Azar.

Edad de Plata

Si del Amor no queda sino sexo,
si de la Guerra rotos batallones,
si de la Vida altiva, frío absceso,
si del ansia de Fama, ensoñaciones.

Si de Fiestas, restos de nada al queso,
si al Cielo no se llega sin Proceso
y siempre están mandando los cabrones...

¡No hables, no te exaltes, no cometas,
no corras, no fabriques, no me digas
que hay un lugar... Edén de los Planetas

para curarse el mundo y las fatigas,
amar a tiempo y gozar completas
las horas nuestras y las enemigas.

SAGRADA PROSTITUCIÓN

Para Marthe,
en aquel habitáculo extranjero de mi querida France,
por donde dimos la vuelta al Mundo.

Alguna vez llegaba hasta su calle,
en el burgo extranjero.
Llamaba a grandes voces
a mi Amiga,
la puta por oficio,
pues que otras lo somos
por institución,
sagrada prostitución.

Era puta políglota
y no quise saber el daño
que la llevó a trabajo
tan humano, pues,
¿quién no traficó
con el cuerpo de una
si otra cosa no hay?
¿Cómo no bautizarse de bisonte
o colibrí, si al Amo le apetece?

Llamaba yo a mi Amiga
a grandes voces y esperaba
en la calle la llave de su casa,
o grande Alejandría del saber.

Junto el río brumoso
al que nos asomábamos,
hermanas de discursos
fabulosos, me narraba
sus viajes... su infancia
entre el Edén y
el negro Infierno.
Sus virtudes celestes
pasadas por tamiz
de crueldades,
asomaban violentas
a su ojos de niña.

(Su recuerdo me hiere).

Mientras...
ahora, miro
este río silente
rojo Tajo o cañón
de eternas prostitutas,
santas vírgenes,
víboras ciegas
y palomas muertas.

Da miedo así, quedarse
tiesa, frente a la piedra
del Silencio, mientras gira
la Muerte con guadaña

y todo se va a pique
en esta cerrazón
que nos ahoga.

¡Ah, *Ma Cherie,*
c´est ca la vie en rose!

III. De la muerte

Última película de la Inquisición

Vuestro Oficio Sagrado,
modestia aparte,
os desenfoca el ojo
y más la mano.
¿Y qué poder os hizo
juzgar al próximo
con tan solo
potencia humana?
¿Es posible radiar
el cáncer de las almas
y adivinar si Amor
no está en el Viento?

De vuestra vida,
en cambio,
parecéis pregonar
ángel custodio,
perfecto juicio
en perfecta forma
para condenación
de los «hermanos».

Pero al menos...
hay testigos bufones,
malos y *extradivarius*
que nos soplan

datos y narraciones
de vuestras tres personas:
vuestro Yo,
vuestro Él
y el Tú, en pecado.

Perpleja estoy,
«Hermano de las almas»,
pues juzgáis más que
Dios... que esperemos
que mejor nos juzgue.

¡Así Dios quiera!

Porque AQUÍ
somos reos
perpetuos del Infierno.

A Milagros Polo, necia

Leo tus versos negros, troceados...
sedienta intensidad de flores secas
que encarnaron con gozo
y murieron sin fruto.

Ya me invitas
al placer del instante
ya al sarcasmo.

Sé que has buscado
el Fuego, el Aire, el Sueño,
eso que no encontraste.

Pasaste por el Hombre del Mito
sus Códigos de Piedra.

En urna guardas amuletos y nombres,
palabras recomidas por el tiempo
con la esperanza rota
de regalar a nadie
tu pequeña luciérnaga.

El Reino del Deseo
fue como ave al Viento,
no ruinoso y brutal.

¡Bárbaros te desolen
en circunflejo punto
del Estallido Ignoto!

Viento Enorme
sin tiempo,
donde al fin
se destruyan
el Amor y la Muerte,
te deseo.

REFLEXIONES EN MARZO
(Sin fechar)

VOY a gritar
tras el disfraz
tan vil de la apariencia
y teñiré de verde
las viejas
ramas secas
del corazón.
Que algún dios
me confunda
dándome algún ovillo
de mil cruzadas puntas
antes que yo
confiese daño alguno.

QUE un solo verso mío
logre tentar tu espíritu
y detenga tu oído
el eco de mi voz.

Eso sería el triunfo,
mi Gloria de Poeta.

Que tu mirada atisbe
esta pasión ceniza,
y tus manos dibujen
la sombra de mi amor.

Ya no hay más, solo
remolinos de signos,
enjambres de fonemas,
huellas que se deshacen
como arenas del mar.

MIRA,
el pájaro caído
allí, entre la maleza
revuelta, emputrecida.
Un impulso azaroso,
un descender a muerte
que casi quema el aire
su aletear desesperado.

Luego cae, como piedra
y ya jamás su vuelo.

Así mi corazón
este día de marzo
amor y lluvia.

TE vas.

En ese adiós tan sordo,
en el cortar la flor
en pleno brote,
en no tener palabras
por rebosar de ellas.

        Te vas.
El vacío es el hueco
de tu cuerpo.

La puerta bate
el viento.

Solo habla
el Silencio.

Loco viento
que sopla en el espacio,
sucio
poema escrito.

Gira,
palpita,
cae...
¡Y nadie leerá
lo que allí suena!

Pena de nadie,
poema
escrito.

COPLAS Y CAPRICHOS

Plaza de Oriente

Dos, tarde, primavera,
los parques lloran niños
y el azul se evapora
por los cielos de marzo.

El caballo del centro
tizna el haz transparente
de la luz adiposa.

Un estallo, de lejos,
se chasca con presagios:

¡Barquillos, galletas!

Y se ñasca el deleite
del palatal aullido.

Rojo y verde con burro
pasa el carrito tierno
de lindas campanitas
y madres proletarias.

Un soldadito feo
hace «amor de niñera».

Y mi abuela se hila
en un nudo de tiempo.

Los arbolitos crecen
con inyecciones trépidas
de un foxterrier de lujo.

Por la plaza de Oriente
geométrica y queda
voy buscando un amante
carmesí... de Almudena.

(De *Impresionimo*, 1950-51).

Misa mayor

Fulgor de oros tuercen
y terciopelos grana
bajo el sol de las lámparas.
Las alfombras se acuestan
con elegancia fría
y escarlata de obispo.

La oscuridad barroca
se armoniza de gripes
y rezos sostenidos
esta misa mayor.

Las calvas, adobadas,
el marengo y quisquilla
entre perfumes malos.

Cinco «perras» sonantes
ha dejado una mano
al monago menor.

Una niña de organza
se aburre de rutina
y un canónigo en negro
predica de suburbios
con voz neorrealista
y fatiga de amor.

(De *Impresionimo*, 1950-51).

NIÑOS QUE APRENDEN

Ante el escaparate
tres chiquillos de roto.
Juguetes de barato,
con cartones borricos
y hojalatas de daño
atosigan sus ojos.

Uno, saca el cerumen
de su oreja de hojaldre
y lo va restregando
en la luna terrible.

Tranvías amarillos
rascan en el asfalto
sus fósforos gritones.

Un albañil cojísimo
mira a la «chacha» gorda
sus pechos sin andamios.

En el escaparate
los tres niños de roto
están naciendo a odiar.

Y la luna que asoma
laminada y hermosa,
se hace de pacotilla
besando a los tres niños.

(De *Impresionimo*, 1950-51)

CAMPESINA

La mujer de palo,
de barro y de estopa
tiene una baranda
de sartenes negras.
Por la puerta rota
se pasan los días
eternos de siempre.

Ella va pariendo,
con siete cuchillos
de acero dentado
en su carne viva.
Y solo la observa
el hombre... en la nuca,
hasta que su cuerpo
se quede enterrado
sin piedad, ni queja.

(De *Mi pueblo*, 1954)

DEL PERRO FLACO

De la risa a la bota
del hombre,
van zozobrando
tus ojos humildes.
Cicatriz, mordedura,
siguiendo, penando,
dulce perro lo mismo.

¿Qué vives y qué husmeas,
en estos pobres mundos?

         ¡Si tuviese tu temple,
tu amistad y tu estilo,
ser animal, tan noble,
con la paz infinita
de ser perro tan solo,
sin el odio y la ira,
como un ángel caído
que por siempre
perdona.

¡Alma de perro noble,
mejor que los humanos!

(De *Mi pueblo*, 1954)

Astutas y Consejas.

Para ser feliz, primero,
hay que quitarse
el sombrero
delante de principales
obispos y costureros
y otras gentes... ¡tan decentes!

A la querida familia
darle la mejor rosquilla
de la fuente.

Ser gatuno sonriente
y un poco predicador
de cosas sin gran valor.

Con beatos, ser santoso,
entre amigos ser gracioso
y con el amor, ausente.
En el trabajo, ritual
y en la guerra, carcamal.

Con oficiosos, de oficio,
con los serios, chundarata
y con alegres tontuelos,
la sombra de un ataúd.

Todo hecho de mojiganga,
porque no cale la esencia
que sostiene la presencia.

Que todos crean ser suyo
el credo con que les rezas.
Alaba a los enemigos,
y contigo date el gusto,
haz de tu capa un faldón,
y con las Artes, doblón.

Esta es la Ley, a saber,
para ser feliz, primero,
en estos tiempos de enero.

Os lo dice una coplera
que pese a los malos tiempos
es poeta de primera.

(De *Coplas de ciega*, 1961-62)

ECCLESIA AND MATANZA

Petra soy,
Prieta,
Mujer.
¿Hay quien dé más?
Puesta en la Plaza,
vendida,
enjabonada,
entera.
De Nínive
a Acapulco
pasando
por la historia
como muda-lisiada
flor de infamia
y sandío sosiego.

¿Hay quien dé más?

Mi patria,
no la tengo.
El Amor,
¡qué descaro!

Tuve casa de cal
lumbre y ceniza.
Mis vecinas
venían
con su gran corazón
y una gallina.

Un zorrito Arcipreste
haciendo grandes maulas
hablaba del gran Bien
si yo me hacía
a su modo de hacer,
carnestolendas,
ferias y verdeces.
Decía con los gestos
más sublimes del Dios
que presidía, hirsuto
caducas profecías
y Juicios Venideros.

Amigas,
doce en Coro
de Arcángeles,
rapadas de sus alas,
y puramente enteras:
Andrea, Elena, Maya,
Ángela, Lola, Lurdes,
Teresa, Isabel, Carmen,
Francisca, Concha, Marisol,
            y también muchas más.

Comunas y poblados,
ciudades y cavernas
no existentes, torres
imaginarias de Circos,
sótanos y altiplanos,
asistirán al Parto
a punto de estallar.

¡Vamos, corred, venid,
hagamos la Matanza
entre bellos conjuros,
con panderos y risas!

Con leña de pinares,
aceite, pan y vino,
olla, sal y candil.

Hágase Fiesta Grande,
dance el Amor
con pasos de amapola
y repiquen los Niños,
su alegría sin fin.

Petra Soy.
Soy la que Soy.

Acabemos de matar
a ese Puerco
negro puerco que hoza
y tanto gruñe.

Ya me diréis quién es
el polizón colado,
pues que Proteo siempre
se escurre, puro daño
como bien sabéis...

Condimentemos,
todo,
a nuestro aire:

aquí los Niños
como grandes soles
que alumbran
la Gran Fiesta.

Allí, los hombres, solo
los de las manos limpias
y bigotes nenúfares.
—Que no hablarán jamás
de Armas o Letras;
quietos, sin rechistar
de trofeos y amores.

¡Dadles el pan y el vino!

Prohibida está la Ira
y la hórrida Fama.

Venga el Advenimiento
de la Perpetua Paz,
no de la paz perpetua.

    EVA SOY,
      las que somos
con doce de las nuestras
y millones creciendo
por el mar de la Tierra.

(El Ángel se ha escondido
tras el Árbol Sabiondo,
y el Dios archimandita
se ha puesto a dormitar).

Nuestra Fiesta ya está.
No es un Ave-quimera
sino Destino Hermoso
que crece en las Raíces
de las Hembras Sagradas.

(De *Caprichos*, 1977)

Otros textos

Se incluye en este apartado una autobiografía de Milagros Polo (a quien llamaban Tati) y una serie de cartas que envió a su amiga Soledad (Marisol) de Andrés al irle remitiendo sus poemarios.

A un curioso lector posible

La autora, que nunca tuvo mecenas ni más padrinos que los del bautismo, se decide, entre logias secretas, mafias político-poéticas, ocultos cultos, risibles fablas e increíbles hechos, a no sacar sus versos a la calle. Pero todo se andará con el tiempo...

Nacida en Madrid, antigua Corte, en donde quince años los pasó en la estulta ignorancia, otros diez continuó en la ética terciaria y los últimos habitando en la caverna de Pedro Botero. No duda en seguir, al menos, con la pluma en ristre...

De orígenes gallegos y castellanos, más se inclina a lo «celta» que a lo mesetario, lugar donde parecen anclarse algunos abusos místicos y mostrencos antojos de Absoluto. Por eso con frecuencia grita: ¡Viva la Periferia!

A su tiempo pasó por la Gran Complutense, para saber del Trivium, las Cantigas, Carolo, Filipo y el Caballero de la mano al pecho. Poco más...

Con gran suerte pudo salirse a Europa, de joven, y padeció de alferecía por los diferentes «encuentros y vistas» que tuvo, al modo de iluminaciones.

Casose, como hembra hispana que lo es. Parió y fue santa, como es costumbre medieval.

Trabajó a favor del Glorioso Ministerio de Educación y Ciencia, y así aprendió a enseñar el «no-saber», callando verdades por otras cosas que se obligaban.

El César tentó de perseguirla, por infundadas e inventadas sospechas de herejías y comunismos; metiéndola en la triste zozobra cotidiana. Pero no apagó el César su troceada esperanza y así, siguió peregrina con algún resto de ella.

Amante de la Cultura y la Naturaleza, a partes no enemigas, espera, acaso ilusa, engrosar, si cabe, el Gran Cuento de las Letras.

Hijos, Niños, Alumnos y Animalitos del Dios son su única Patria.

Como pequeña hembra de la Gran Hembra Madre tiene como prioridad velar por la especie, cual pura hembra, y con mucha honra frente a mostrencos y bestiales oderes y discursos.

De antemano, sienta plaza contra críticos estultos y sabidillos, que tanto abundan.

Milagros Polo López

Villa y Corte de Madrid,
año mil novecientos setenta y cuatro.

Explicación:

En 2009, septiembre, sufrí una operación de urgencia. Y me di cuenta de que mis poemas estaban en cajas y carpetas, semirrevueltos. Ante este avatar fulminante, llamé a mi amiga Marisol de Andrés, y le dije que se ocupase de mis «papeles» si yo me iba... mientras seguían los pajaritos cantando...

No fue así y después ella aceptó que le iría mandando mis poemarios para que los empaquetase y en algún momento —desaparecida yo— los tratase de publicar.

Porque Marisol del Andrés y su marido, Domingo Pliego, hacia 1950 fueron mis primeros editores caseros. Se lo agradecí mucho, porque esa encuadernación aún la conservo y ha guardado un cierto orden a mis primeros poemas. Los que van de *A través de mi hembra* a *Coplillas de ciega.*

Así le fui enviando poemarios, según los iba encontrando y revisando. Una labor costosa y dura, para el que, al cabo de los años, descubre las vivencias del pasado, con una mente muy distinta. Y así le fui contando lo que recuerdo de entonces...

Envío de *A través de mi hembra*

Querida Marisol:

En agosto de 1949 yo estaba en casa de mi abuelo materno. Mi abuela hacía tiempo que había muerto y no la vi más que una vez... Sé que me robaron las raíces gallegas, entre Franco, mi padre y mi marido.

Pero lo que te cuento es que yo, con 17 años, escribí en ese agosto, *A través de mi hembra*. Este libro y dos más que siguieron, *Impresionismo* y *Amantemente*, se los llevé a mi profesor, D. Alonso, en fechas posteriores, a su casa de Chamartín. Curiosamente al entrar me topé con un mozo guapo, oliveño y fuerte, que salía, despidiéndose de Dámaso.

Luego él me dijo que si le conocía. No, le dije.

Se llama Francisco Brines.

Los dos íbamos a lo mismo, a saber el juicio del buen poeta y profesor —también tuyo— que fue Dámaso, buen crítico y muy divertido.

Cuando volví a por mis textos me dijo que le habían gustado mucho, me regaló su libro, *Hombre y Dios*, con dedicatoria y naturalmente, que publicase, pero no *A través de mi hembra*, que no empezase ¡«rompiendo cristales»!... Esas palabras usó.

Me envió a Concha Lagos, fotógrafa y no sé cuántas cosas más... para que me publicase en su revista. Y también a F. Canibell , en su revista de Málaga. Fui a la primera, solo. Le llevé unos cuantos poemas, de los publicables... obvio.

Me llamó por teléfono diciendo que los publicaría, pero que le permitiese hacer alguna corrección...

Fui al otro día, creo que su estudio estaba en Gran Vía. Ella no estaba, pero pedí mis poemas y me fui corriendo. Y ahí acabaron mis ganas de publicar.

Un par de amigas se indignaron con la contestación de Dámaso, a tope. Yo le he comprendido más tarde... Ya te contaré algunas anécdotas sobre ese libro. Una de ellas es que algunas amigas se empeñaron en que presentase al Adonáis el dichoso libro. Y lo hice.

Falló, y no he comprobado nunca a quién se lo dieron, pero seguro que a alguno de los que, más tarde, yo he estudiado ya siendo profesora, sin duda de mi promoción, el «50».

Fui a recogerlo con mi amiga Andrea Rojas, —alguien de tu estilo—. Me dieron el libro en el sobre que lo llevé. Curiosamente estaba cerrado tal cual lo había entregado...

Pues como ves no he tenido ni ganas ni suerte. Por aquellos tiempos yo andaba por el Ateneo y tuve por amigos a algunos escritores que más tarde han sido muy conocidos. En mi poemario *Ejercicios Espirituales* hay algunas dedicatorias a varios de ellos, y algunos ya se fueron...

Como te conté, yo hice una promesa al Dios, hace mucho tiempo, prometí, no publicar. Como mi Dios me concedió mi petición; yo debía, y así lo hago, cumplir lo que le prometí. Ha sido muy duro, pero no me ha impedido seguir escribiendo. Sí, te confieso que no he perdido la esperanza de que mi escritura se publique. No importa que yo no lo vea... aunque quién sabe si alguno de los Monoteísmos que leo —con verdadera pasión— me regale esa visión de poeta laureada, aunque sea de perejil...

He pensado ya, cuando empecé a reflexionar sobre textos poéticos, que ese libro primero era un buen libro, además de la edad en que lo escribí... ¡Tal vez tan joven como Rimbaud...! Jajaja...

Últimamente, —es una idea que he tenido siempre—, hace muy pocos meses, pedí a unos amigos, profesores de la Universidad de Santiago, Claudio Rodríguez Fer y Carmen Blanco, que me buscasen alguien para traducir al gallego mi *A través de mi hembra*. Ya sabes que lo escribí en

Galicia, y que siento no hablar gallego, pese a que lo entiendo...

Ellos han conseguido que una joven profesora, me traduzca al gallego mi librito. Espero leerlo pronto, en cuanto vuelva a Galicia. Pues se lo llevé el agosto pasado.

Ya ves los agostos qué bien... y no son los tan cantados «Abriles» de Eliot en *Four quarts*, señora Filóloga...

Pues la próxima entrega que te envíe será distinta... y ¡publicable!, según mi profe, Dámaso Alonso.

Lo que sí es cierto es que, por aquel 1949 ya sabía yo bastante del problema de «género»... ¡Pues tú, que eres experta en los lenguajes de género... me vas a entender de miedo!

Pozuelo de Alarcón, a 29 de marzo de 2011.

✎

Querida Marisol:

Te envío el poemario *Amantemente*.

Visto *Amantemente* a esta distancia en que te escribo... pues me recuerda las Coplas de la Piquer, la Castro... y la Rocío... con toda la torturada compañía de amores terribles y mujeres por los calvarios del Amor, y los hombres crueles... y todo eso que vivimos y oímos cantar...

Este es otro cantar, y mi «amado» se estrelló con uno de aquellos Dauphin? del infierno... Era un coche siniestro.

Un abrazo

Querida Marisol,

es la cuarta entrega: *Mi pueblo*.

Tú que conoces Castilla, y aquellos tiempos, me puedes comprender.

Lo hice para una amiga francesa. Un intercambio, Francia-España.

Yo tuve más tarde una experiencia francesa, pasé un curso de lectora, pero lo valioso fue especialmente haber empezado a manejar libros, pues sabes que en nuestra España se perseguían y no se editaba...

Y poder hablar con extranjeros que me ponían a tono con cosas de Europa y del mundo. Algo impagable en aquellos tiempos de miseria.

Un abrazo,

Tati

Pozuelo de Alarcón, 16 de abril de 2011.

Querida Marisol, esta sexta entrega, *Epitafios para otras tumbas*, es en prosa como ves.

Tal vez impera más la llamada «conciencia», ante todo lo que en ese momento me llegaba...

Mi amiga, Andrea Rojas, filósofa, es como una Teresa errante por colegios de España, hasta que decidió ser profesora de Literatura, no de Filosofía, pues tanto sabía de las dos... Y me decía que la Filosofía estaba agotada... Sí, pero no la Filosofía-Literatura, como quiere nuestra Zambrano.

Yo llegué a la malagueña, por Valente, y Andrea, creo que por mí. Es una entendida en Zambrano.

Yo, últimamente he degenerado... y más que hacia el «alma», voy camino de los cantos rodados y el polvo de la Madre Materia... o Laguna Estigia... sin duda.

No tengo ya remedio.

Vive Andrea, aunque la veo muy poco, pues parece que nuestra generación de féminas resiste bien a la Parca...

Es una mujer de primera, te lo aseguro.

Un abrazo,

Tati

✍

Querida Marisol, te explico:

Ética a Marthe, lo escribí en Francia, que fue una experiencia esencial para mí. El título me rondaba de un curso que hice con Aranguren, sobre *Ética a Nicómaco.*

Sus clases no cabían de alumnos... Hablaba de lo que nadie hablaba... Aristóteles, sí, pero también Marx, las Vanguardias, los movimientos rebeldes de América y Europa... y de ¡España y el sexo!

Y claro, ya sabes que salió disparado de nuestra Universidad, creo que se marchó a Santa Bárbara, USA.

No solo era la «mecha» que nos prendió Aranguren... era el ambiente que entonces se vivía. Creo que lo recuerdas...

Después me fui a Francia, por aquel entonces nos llevaba 30 años... llena por cierto de exiliados que me invitaban a sus casas y algunas de cuyas hijas tenía de alumnas.

En una taberna llamada Sol y Sombra aprendí a oír Flamenco ¡Qué gozada!

Luego estaban los amigos, de todas partes:

Judy, Michel, Josephine, Christian, Beatriz, Ingebord, Katiuska, una rusa que tocaba la balalaika y más... Stanley y Marvin, para que no faltasen los militares americanos con base en Francia.

Ya te enviaré un poema dedicado a Marvin, comandante, mestizo de comanche y negro. Un verdadero caballero y además muy rico. Tenía alquilado un castillo cerca del Garona; desde el que se veía un paisaje de cuento... para demostrarme la diferencia entre aquellas figuras de Hegel: el Amo y el Esclavo.

¿Dónde las «nieves, los prados y lo vivido antaño», Marisol?

Este poemario se lo dedico a aquellos jóvenes amigos de los que aprendí tanto y cuyas «diferencias» me hizo amar a todos los países y a todas las razas.

Abrazos para ti y para Domingo

Domingo, 8 de mayo de 2011.

∽

Querida Marisol,

En esta entrega, séptima, *Coplas de ciega*, he vuelto de Francia, allí escribí *Ética a Marta*. Francia fue una experiencia muy importante en mi vida, ya lo sabes.

Vuelta a Madrid... me encuentro con la «vida-que llevábamos»...

Coplas, con todo el polvo de los caminos, los del extranjero, como tú dices, y los que aquí me esperaban...

Me caso en diciembre de 1962, y en octubre de 1963 nace Alejandro.

A él va dirigido *1963,* la entrega novena, que ya recibirás.

Sobre *1963*, te explico ya también.

Escrita en los tres últimos meses de ese año; bajo una depresión de las que llaman «postparto». Algo bastante gordo, de lo que creo que aún no me he curado: «Traer un ser humano a este mundo».

¿Es posible no pensar... en semejante suceso?

Como protozoos o míseros insectos procreamos al son de la Madre Naturaleza... y el humano colea y se defiende, de sus congéneres y del Dios de los Ejércitos que manda volcanes y tsunamis, tornados y diluvios, sin arca de Noé...

Cambios, como ves, entre *Ética a Marta*, donde se nota que respiro... y estas *Coplas*, donde vuelvo al subterráneo que nos tocó vivir... Y ¡zas, un hijo! como si eso no fuese el Gran Misterio Sagrado, y encima... un Patriarcalismo Divino que se alarga por los siglos de los siglos... Y mientras se guerrea, se mata, se asesina, se devora... a la ESPECIE, a nuestros HIJOS...

Dime, Marisol, ¿sabes algo?... ¿Es Dios o es el Mal Gobierno de los Hombres?

Un abrazo,

Tati

Pozuelo de Alarcón, a 7 de mayo de 2011.

[...] Mis textos, si observas, comienzan una deriva de ironía y angustia. La escritura se adelgaza o se rompe... La Muerte, obviamente, preside el «absurdo» tan en boga entonces. El ABSURDO, o sea la VIDA MISMA...

Pozuelo de Alarcón, 29 de abril de 2011.

Anexo fotográfico

MILAGROS POLO

1939.

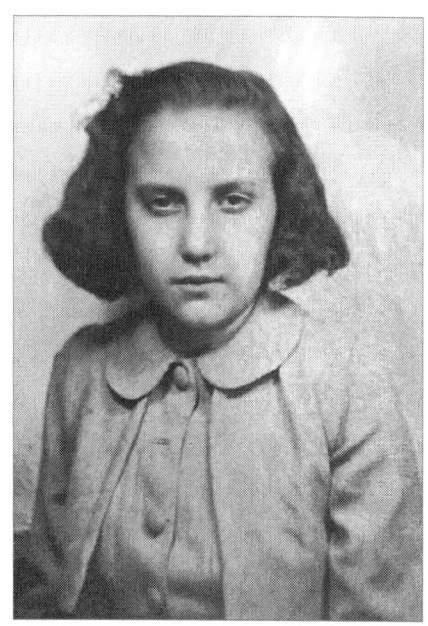

Hacia 1941.

El día de su Primera
Comunión, 1943.

1939.

Con sus padres Aquilino
y Milagros y su hermano
Vicente (1944).

Hacia 1948.

1949.

Con sus amigas Angelita
y Elena en 1953.

Alicante, 1953.

Con sus padres Aquilino y Milagros y su
hermano Vicente en 1954.

Hacia 1955.

Hacia 1955.

1955.

1956.

1957.

En Burdeos con su amiga
Michelle, en 1961.

Burdeos, 1961.

En el día de su boda con
Eulalio Zaera (1962).

Milagros Polo y Eulalio
Zaera en 1962.

Milagros con sus hijos Alejandro (detrás)
y Juan Pablo (en brazos) en 1964.

Milagros con sus hijos Ramón (a su lado) Juan Pablo
(arriba) y Alejandro (abajo), hacia 1973.

Hacia 1977.

En el Instituto Gregorio Marañón,
en 1980.

Hacia 1982.

1982.

Hacia 1990.

Hacia 2005.

CABALLO
GRIEGO
PARA LA
POESÍA

II

DIRECTOR.
BERNABÉ FERNÁNDEZ-CANIVELL
MADRID . MÁLAGA
1977

DEL DAÑO DE AMOR ESPIRITUAL

A Manuel Altolaguirre, místico del amor

CONTEMPLO
cómo reposa otoño,
deslumbrante,
y mi tiempo camina
sin retorno.
Todo espía,
acecha amonestando:
los humeantes atrios,
las momias venerables,
las fórmulas herrumbres.
Tu cuerpo es una llama
que al tocarla
tañería mi vida
de belleza.
El espíritu, el alma,
la azabache pareja
de crepúsculo,
ofídica ensombrece
ese casto esplendor
de mi deseo.
Tu cuerpo es una llama
que pide de mi vida
el furor encantado
de la sangre,
única realidad
por donde subo
a las moradas ágiles
del mundo.
El espíritu, el alma,

matrimonio caduco
de lo inerte,
oficiar desde antaño
a convertirme.
Tu cuerpo es una llama
del eterno misterio
en cuya forma
siento lo más alto
que en tierra se me ofrece.
Pero el daño es antiguo,
amor espiritual
es vicio terco,
y ahora
en última estación
de los sentidos,
ensombrezco mi vida
como siempre.
Contemplo
cómo reposa otoño,
tu cuerpo deslumbrante,
mientras sigo mi viaje
sin retorno.

Milagros Polo

PREMIC ALTOLAGUIRRE, 1973. MADRID

Poema «Del daño de amor espiritual» publicado
en la revista *Caballo Griego para la Poesía* en 1977.
Fotografía cedida por el Patronato Carmen Conde-Antonio Oliver.

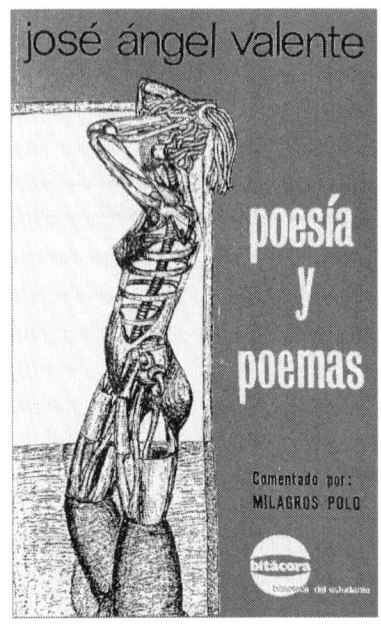

Publicaciones de
Milagros Polo.

Índice

Este libro,
número 375
de la Colección Torremozas,
se terminó de imprimir el día
19 de mayo del año 2024,
aniversario del nacimiento
de Luzmaría Jiménez Faro.